L'homme qui avait six ans

FL Wallace

Writat

Cette édition parue en 2024

ISBN : 9789359945569

Publié par
Writat
email : info@writat.com

L'HOMME QUI AVAIT 6 ANS

Par FL WALLACE

"Désolé, chérie", dit Erica. Elle bâilla et ajouta : " J'ai essayé, mais je n'arrive pas à croire que tu es mon mari. "

Il sentit son propre bâillement glisser de son visage. « Que veux-tu dire ? Qu'est-ce que je fais ici alors ?

"Tu ne t'en souviens pas ?" Son rire tinta alors qu'elle le repoussa et s'assit. "Ils ont dit que vous étiez Dan Merrol à l'hôpital, mais ils ont dû se tromper."

"Les hôpitaux ne commettent pas ce genre d'erreur", a-t-il déclaré avec une certitude qu'il ne ressentait pas vraiment.

"Mais *je* devrais le savoir, n'est-ce pas ?"

"Bien sûr, mais…" Il fit quelques reculs verbaux. "C'était un grave accident. Il faut s'attendre à ce que je ne sois plus tout à fait le même au début." Il s'est assis. " *Regarde* -moi. Tu ne peux pas dire qui je suis ?" Elle lui rendit son regard, puis se tourna vers lui. Il décida qu'elle était très attirante – mais il aurait sûrement dû le savoir depuis longtemps.

Avec un effort visible, elle s'éloigna de lui. "Votre œil gauche vous semble familier", dit-elle prudemment. "Le marron, je veux dire."

"Le *marron* ?"

"Ton autre œil est vert", lui dit-elle.

"Bien sûr… un remplacement. Je vous ai dit que c'était un grave accident. Ils ont dû utiliser tout ce qui était à portée de main."

"Je suppose que oui, mais n'auraient-ils pas dû essayer de s'en tenir à la palette de couleurs d'origine ?"

"C'est une petite chose", dit-il. "J'ai de la chance d'être en vie." Il lui prit la main. "Je crois que je peux te convaincre que je suis *moi* ."

"J'aimerais que tu puisses." Sa voix était basse et triste et il ne pouvait pas deviner pourquoi.

"Je m'appelle Dan Merrol ."

"Ils vous l'ont dit à l'hôpital."

Ce n'était pas le cas – il l'avait lu sur la carte. Mais il avait été seul dans la pièce et le nom devait être le sien, et de toute façon, il *se sentait* comme Dan Merrol . "Tu t'appelles Erica."

"Ils te l'ont dit aussi."

Elle avait encore tort, mais il était probablement plus sage de ne pas lui dire comment il le savait. Personne ne lui avait rien dit à l'hôpital. Il ne leur avait pas laissé une chance. Il s'était réveillé dans une pièce et ne voulait pas être seul. Il s'était levé, avait lu le dossier et avait fouillé le placard avec le vertige. Des vêtements étaient suspendus là, il les avait enfilés et marmonnait son nom pour lui-même. Il s'était assis pour reprendre des forces et au bout d'un moment il était sorti sans que personne ne l'ait arrêté.

Il faisait nuit lorsqu'il quitta l'hôpital et la prochaine chose dont il se souvint fut son visage alors qu'il regardait par la porte. Son nom ne figurait pas sur la carte ni son adresse et pourtant il l'avait trouvée. Cela prouve quelque chose, n'est-ce pas ? "Comment pourrais-je t'oublier?" il a ordonné.

« Vous avez peut-être connu quelqu'un d'autre portant ce nom. Quand avons-nous été mariés ?

Peut-être qu'il aurait dû rester à l'hôpital. Il aurait été plus facile de la convaincre là-bas. Mais il avait hâte de rentrer chez lui. "C'était tout un fracas", a-t-il déclaré. "Il faudra s'attendre à quelques erreurs."

"Je fais des concessions. Mais ne peux-tu pas me dire quelque chose sur moi ?"

Il pensait – et ne pouvait pas. Il n'allait pas très bien. "Encore une erreur", dit-il sombrement, puis il s'éclaira. "Mais je peux vous en dire beaucoup sur moi. Par exemple, je suis spécialiste des lépidoptères."

"Qu'est ce que c'est?"

"Pour le moment, qui sait ? Quoi qu'il en soit, je suis un acteur, un musicien et un mathématicien de premier ordre. Je ne me souviens d'aucune équation, sauf que C est égal à pi R au carré. Cela a à voir avec la vitesse. de lumière. Et le reste reviendra avec le temps. C'était plus facile maintenant qu'il avait commencé et il avançait rapidement. "J'ai trente-trois ans et après avoir gagné beaucoup d'argent en catch, j'ai épousé six filles, pas nécessairement dans cet ordre : Lucille, Louise, Carolyn, Katherine, Shirley et Miriam." Cela faisait pas mal de mariages – peut-être était-ce inconsidéré de sa part d'en avoir parlé. Aucune femme n'approuve ses prédécesseurs.

"Il est six heures. Où puis-je entrer ?"

"Erica. Tu es la septième et la meilleure." C'était tout simplement trop, maintenant qu'il y pensait, et cela ne lui semblait pas bien.

Elle soupira et s'éloigna. "C'était une chance de deviner ton âge."

Cela voulait-il dire qu'il n'avait raison sur rien d'autre ? D'après l'expression de son visage, c'était le cas. "Il faut s'attendre à ce que je sois confus au début. Ne peux-tu pas vraiment dire qui je suis ?"

"Je *ne peux pas* ! Tu n'as pas du tout la même personnalité." Elle jeta un coup d'œil à son bras. Il y avait un bleu dessus.

"Ai-je fait cela?" Il a demandé.

"Tu l'as fait, même si je suis sûr que tu ne le voulais pas. Je ne pense pas que tu as réalisé à quel point tu étais fort. Dan a toujours été trop doux - il devait avoir peur de moi. Et *tu* ne l'étais pas du tout. "

"Peut-être que j'étais impétueux", a-t-il déclaré. "Mais ça faisait tellement longtemps."

"Presque trois mois. Mais la plupart du temps, tu flottais dans la gélatine dans le bac de repousse, inconscient jusqu'à hier." Elle se pencha en avant et lui caressa la joue. "Tout semble faux, même si j'essaie de croire le contraire. Vous n'avez pas la même personnalité, vous ne vous souvenez de rien."

"Et j'ai un œil marron et un vert."

"Ce n'est pas que ça, chérie. Va devant le miroir."

Il avait été grièvement blessé et il était encore affaibli par le choc. Il se leva et se dirigea d'un pas hésitant vers le miroir. "Maintenant quoi?"

« Tenez-vous à côté. Voyez-vous la ligne ? Erica montra le verre.

Il l'a fait – c'était une marque au niveau de son menton. "Qu'est-ce que ça veut dire?"

"Cela devrait être une préoccupation majeure pour Dan Merrol ", dit-elle doucement.

Il mesurait bien six pouces de plus qu'il n'aurait dû l'être. Mais il doit y avoir une explication à la hauteur supplémentaire. Il baissa les yeux sur ses jambes. Ils avaient la même longueur depuis l'os de la hanche jusqu'à la plante des pieds, mais les proportions différaient d'un côté à l'autre. Ses genoux ne correspondaient pas. *Bedum , bedum , be-dumdum, mais vos genoux ne correspondent pas – l'* extrait d'une chanson ancienne flottait dans sa tête.

Rapidement, il se scanna. C'était pareil ailleurs. Le bras supérieur droit était massif, trop gros pour l'épaule avec laquelle il fusionnait. Et l'avant-bras, bien que long, était mince. Il cligna des yeux et regarda à nouveau. Pendant qu'ils le soignaient, pensaient-ils vraiment qu'il avait besoin de cheveux noirs, roux et bruns ? Il se demandait ce que ressentait un beagle.

C'était quoi, une bande d'humoristes ? Ont-ils, pour un effet comique, reconstitué un corps à partir de morceaux et de restes d'un billot ? C'était lui-même qu'il regardait, sinon il dirait que les résultats n'étaient ni hideux ni horribles, mais simplement… eh bien, quoi ? Ridicule et risible – et cela comportait également des complications. Qui a envie d'être un clown involontaire, un bouffon physique que Mère Nature n'avait pas reproduit depuis l'origine de l'Homme ?

Il sentit la barbe sur son visage avec sa main gauche – il *pensait* que c'était sa main gauche – du moins, c'était de ce côté-là. Les moustaches émergentes ne ressemblaient à rien de ce dont il se souvenait. Attendez une minute, était-ce *sa* mémoire ? Il s'appuya contre le mur et faillit tomber. La longueur de ce bras était étonnamment différente.

Il boitilla jusqu'à une chaise et s'assit, regardant Erica d'un air misérable alors qu'elle commençait à s'habiller. Il y avait tout un contraste entre la beauté de son corps et la comédie de cirque qui lui était propre.

"Difficile, n'est-ce pas ?" dit-elle en remontant son soutien-gorge et en fermant le dernier bouton-pression, ce qui demanda un effort considérable. C'était une petite fille en général, mais pas au niveau de la poitrine.

C'était difficile et en plus de son physique, il y avait des souvenirs dont il ne pouvait pas se rendre compte. À bien y penser, il a dû être terriblement occupé pour avoir autant de carrières en si peu de temps – *et* toutes ces épouses aussi.

Erica s'approcha et s'appuya contre lui pour le réconforter, mais il ne fut pas réconforté. "J'ai attendu d' en être sûr. Je ne voulais pas te contrarier."

Il n'était pas aussi sûr qu'elle semblait l'être maintenant. D'une manière ou d'une autre, peut-être qu'il était toujours Dan Merrol – mais il n'allait pas insister là-dessus – pas après s'être regardé lui-même. Pas après avoir essayé de trier ces foutus souvenirs.

Elle était trop gentille, faisant semblant d'être un peu attirée par lui, par son visage brouillé, par les masses, les membres et les formes dépareillées qui, en étirant le terme, formaient actuellement son corps. Ce qu'il devait faire était clair .

La veste qu'il avait portée la nuit dernière ne lui allait pas. Erica coupa la manche qui pendait bien au-dessus du bout de ses doigts d'un côté et la faufila sur la manche qui se terminait bien au-dessus de son poignet, de l'autre. Les épaules étaient étroites, mais le tissu s'étirait et après avoir haussé les épaules, il parvint à l'élargir pour qu'il ne soit pas trop serré.

Le pantalon posait également un problème : il était court de six pouces et n'avait aucun tissu à ajouter, mais là encore, Erica se montra à la hauteur de la tâche et, à l'aide des poignets, parvint à les allonger. Les chaussures représentaient une autre difficulté. Pour un pied, la pointure n'était pas mauvaise, mais il pouvait presque sortir de l'autre chaussure. Quand elle ne regardait pas, il a ouaté une chaussette de rechange et l'a fourrée dans l'orteil.

Il se regarda d'un œil critique dans le miroir. Habillé, son effet total était meilleur qu'il n'avait osé l'espérer. C'est vrai, il avait l'air *différent* .

Erica le regardait avec une affection mélancolique. "Je ne comprends pas pourquoi ils t'ont laissé sortir avec ces vêtements – ou d'ailleurs, pourquoi ils t'ont laissé sortir du tout."

Il avait dû donner une explication en franchissant la porte en trébuchant. Qu'est-ce que c'était?

"Quand j'ai apporté les vêtements hier, ils m'ont dit que je ne pourrais pas te voir pendant un jour ou deux", réfléchit-elle à voix haute. "C'était la première fois que tu sortais du bac de repousse - où personne ne pouvait te voir - et ils ne savaient pas que les vêtements ne t'iraient pas. Tu étais recouvert d'un drap et tu dormais, je pense. Ils ont laissé Je jette un coup d'œil et je peux distinguer un coin de ton visage.

C'étaient les vêtements, ainsi que le bref aperçu de son visage, qui lui avaient fait croire qu'elle l'avait reconnu quand il était entré.

" Ils m'ont dit que tu devrais suivre une psychothérapie et que je devrais avoir une orientation avant de pouvoir te voir. C'est pourquoi j'ai été si surpris lorsque tu as sonné."

Sa tête bouillonnait d'idées, essayant de les trier. Une partie de la nuit dernière a été sombre, une partie intense et satisfaisante.

« Quel est le théorème de Wysocki ? » elle a demandé.

" *De qui* le théorème ? "

"Chez Wysocki. J'ai commencé à appeler l'hôpital et tu ne m'as pas laissé faire, à cause du théorème. Tu as dit que tu l'expliquerais ce matin." Elle jeta un coup d'œil à l'ecchymose sur son bras.

C'est à ce moment-là qu'il l'avait attrapée, pour l'empêcher de parler à l'hôpital. Il avait été inutilement brutal, mais cela pouvait être attribué à un manque de coordination. Elle aurait pu être terrifiée, aurait pu résister, mais elle ne l'a pas fait. À ce moment-là, elle avait dû croire à moitié qu'il s'agissait de Dan Merrol , encore dangereusement proche du choc post-repousse.

Elle le regardait, attendant cette explication. Il secoua frénétiquement son esprit et les mots sortirent. "Auto-thérapie", dit-il vivement. "Le patient seul comprend ce dont il a besoin." Elle commença à l'interrompre, mais il secoua la tête et continua allègrement. "C'est le premier corollaire du théorème. Le deuxième est qu'il y a des moments critiques dans le rétablissement du patient. Dans ces moments-là, avec le moins de supervision possible, il faut l'encourager à prendre ses propres décisions et à les mettre en œuvre par lui-même", même en courant un léger risque de complications physiques."

"C'est nouveau, n'est-ce pas ?" dit-elle. "J'ai toujours pensé qu'ils surveillaient attentivement le patient."

Cela devrait être nouveau – il venait de l'inventer. "Vous savez à quelle vitesse les pratiques médicales évoluent", dit-il rapidement. "Quoi qu'il en soit, quand ils m'ont examiné hier soir, j'étais beaucoup plus fort que ce à quoi ils s'attendaient. Alors, quand j'ai voulu rentrer à la maison, ils m'ont laissé faire. C'est leur dernière conviction selon laquelle l'initiative est plus importante qu'une parfaite santé."

"Etrange", marmonna-t-elle. "Mais tu es très fort." Elle le regarda et rougit. « Vous avez certainement une initiative. Dan pourrait en avoir besoin, où qu'il soit.

Dan encore, que ce soit lui-même ou une autre personne. Pendant un bref instant, en l'écoutant, il avait eu l'idée idiote que... Mais cela ne pourrait jamais lui arriver. Il ferait mieux de partir maintenant pendant qu'elle était distraite et perplexe et qu'elle croyait ce qu'il disait. "Je dois y aller. Je dois revenir", lui dit-il.

"Pas avant de manger", dit-elle. "Tous les hommes qui ont passé la nuit avec moi ont faim le matin."

C'était un miracle domestique qu'au milieu de toutes ces pressions et ajustements, elle ait d'une manière ou d'une autre préparé le petit-déjeuner et il ne l'avait pas remarqué. C'était une simple corvée avec les automatismes, mais cela lui semblait une preuve de son talent d'épouse.

Il aurait voulu protester, mais il ne l'a pas fait. Peut-être était-ce la main qu'elle tenait – elle semblait être dotée de meilleurs nerfs que son prédécesseur. Cela picotait à son contact. Malheureusement, il s'assit et regarda sa nourriture. Manger? Avait-il envie de manger ? Curieusement, il l'a fait.

« De quoi vous souvenez-vous de l'accident ? » Elle poussa sa propre nourriture et resta assise à le regarder.

Plus rien, maintenant qu'elle le demandait. En fait, il ne se souvenait pas de grand-chose. Il y avait le dossier à côté de son lit, avec un mot griffonné dessus – *accident* – et c'est de là que lui était venue l'idée. Il y avait aussi d'autres marques, mais il n'avait pas réussi à les déchiffrer. Il hocha la tête sans rien dire et elle le prit comme il le pensait.

"Ce n'était la faute de personne. Les dispositifs d'avertissement qui étaient censés fonctionner n'ont pas fonctionné", a-t-elle commencé. "Un vaisseau lunaire est entré en collision avec un paquebot martien dans la haute atmosphère. Les vaisseaux se sont brisés en plusieurs parties et comme ils sont compartimentés et que les fusées à retardement ont été immédiatement allumées, les parties séparées sont tombées assez doucement, compte tenu de leur hauteur. Les pertes ont été " Ce n'est pas aussi génial que vous pourriez le penser.

"Des parties des deux navires sont tombées ensemble, le reste a été dispersé. Il y a eu un certain échange de passagers dans l'épave, mais comme vous avez été retrouvé dans le compartiment de contrôle du paquebot martien, ils ont supposé que vous étiez le pilote. Ils ne m'ont jamais laissé voir. jusqu'à hier et ensuite ce n'était qu'un aperçu. J'ai cru leur parole quand ils ont dit que vous étiez Dan Merrol .

Au moins, il savait qui ou quoi était Dan Merrol : le pilote du paquebot martien. Ils avaient supposé qu'il était le pilote à cause de l'endroit où il avait été trouvé, mais il aurait pu y être jeté : l'impact a produit des choses étranges.

Dan Merrol était pilote de vaisseau spatial et il ne l'avait pas inclus parmi ses compétences. C'était étrange qu'elle l'ait cru. Mais maintenant que c'était au grand jour, il se souvenait de certains faits sur les vaisseaux spatiaux. Il sentait qu'il pouvait réussir un décollage à cet instant.

Mais pourquoi ne le lui avait-il pas dit ? Choc? Peut-être – mais d'où venaient ces autres identités – lépidoptériste, musicien, acteur, mathématicien et lutteur ? Et où avait-il trouvé des souvenirs d'épouses, minces et passionnées, petites et sauvages, décontractées et complaisantes, harcelantes et peu sûres d'elles ?

d'Erica du tout, sauf de la nuit dernière, et à quoi était-ce dû ?

"Qu'est-ce que tu vas faire?" » demanda-t-il, jouant délibérément avec la dernière bouchée du petit-déjeuner. Cela lui a donné le temps de réfléchir.

" Ils ont dit qu'ils avaient identifié tout le monde, vivant ou mort, et je suppose que c'était le cas. Après vous avoir vu, je peux croire qu'ils ont commis un certain nombre d'erreurs similaires. Dan Merrol est peut-être vivant sous un autre nom. Ce sera difficile à faire, mais je dois essayer de le retrouver. Certaines des victimes de l'accident sont allées dans d'autres hôpitaux, vous savez, ceux les plus proches de l'endroit où elles sont tombées.

Même s'il en était sûr, il ne savait pas s'il pouvait le lui dire – et il n'en était plus sûr, même s'il l'avait été. Sur le plan physique du mariage, comment pouvait-il lui demander de partager un corps dont elle se moquerait ? Plus tard, il pourrait lui dire, s'il devait y avoir un « plus tard ». Il repoussa sa chaise et la regarda avec incertitude.

"Laissez-moi appeler un hélicoptère", dit-elle. "Je déteste te voir partir."

"Le théorème de Wysocki", lui dit-il. "Le patient a décidé de marcher." Il se dirigea vers la porte et tourna la poignée. Il se retourna à temps pour la prendre dans ses bras.

"Je sais que c'est mal", dit-elle en se pressant contre lui.

C'était peut-être faux, mais c'était très agréable, même s'il devinait ses motivations. C'était une fille chaleureuse et elle ne pouvait s'empêcher de le plaindre. "Ne sois pas si prévenant," marmonna-t-il.

"Tu devras me rabaisser", dit-elle en détournant les yeux. "Sinon... Tu es un drôle d'homme intolérable."

Il le savait : il pouvait se voir dans le miroir. Il y avait de quoi rire quand quelqu'un en avait assez de faire semblant de sympathiser. Il l'a déposée et est sorti en trébuchant. Il crut entendre le lit grincer alors qu'elle se jetait dessus.

II

Une fois qu'il a commencé, marcher n'a pas été difficile. Son côté gauche se balançait à un rythme différent de celui de sa droite, mais cela était dû à la variation de la longueur de ses cuisses et du bas de ses jambes, et les deux rythmes pouvaient être réconciliés. Il avança, prenant le contrôle de ses muscles. Il se rendit compte qu'il dépassait tout le monde.

Il ralentit – il ne voulait pas attirer l'attention. C'était difficile mais il a appris à marcher à un rythme de piéton. Même si elles étaient mal assorties à ses jambes, elles lui en avaient donné de bonnes.

Hier soir, sur un coup de tête, il avait quitté l'hôpital et maintenant il devait y retourner. *Devait* ? Bien sûr. Il y avait encore trop d'incertitudes à régler. Il regarda autour de lui. Il était encore très tôt le matin et la circulation normale commençait à peine. Peut-être qu'il ne leur avait pas encore manqué, même si c'était peu probable.

Il semblait connaître assez bien l'itinéraire et parcourait la distance en peu de temps. Il se rendit au bâtiment et, parcourant l'annuaire, se dirigea immédiatement vers le bon étage et s'arrêta au bureau.

Le réceptionniste était occupé avec le tiroir du bureau. "Puis-je vous aider?" » demanda-t-elle en continuant à baisser les yeux.

"Le directeur... Docteur Crander . Je n'ai pas de rendez-vous."

"Alors le réalisateur ne peut pas te voir." La jeune fille leva les yeux et son expression fermement polie se transforma en une grimace de rire à peine réprimée.

Puis le rire fut balayé. Ce qui l'avait remplacé, il ne pouvait le dire, mais cela ne semblait pas lié à l'humour. Elle plaça sa main près de la sienne mais elle s'égara et s'emmêle avec ses doigts. "Je viens de penser à une blague", murmura-t-elle. "S'il te plaît, ne pense pas que je te trouve drôle du tout."

Bon sang, elle ne l'a pas fait – et c'était la deuxième fois en une heure qu'une femme utilisait ce mot sur lui. Il aurait aimé qu'ils s'arrêtent. Il reprit sa main, la plus fine, une chose exquise qui aurait pu appartenir à un musicien. Y avait-il un instrument joué d'une seule main ? L'autre était bien plus grand et plus maladroit, plus adapté au chaos qu'à la musique. "Quand puis-je voir le réalisateur ?"

Elle cligna des yeux. "Un patient?" Elle n'avait pas besoin d'y regarder à deux fois pour voir qu'il en était un. "Le directeur voit occasionnellement d'anciens patients."

Il la regarda avec appréciation alors qu'elle entra. À la façon dont elle marchait, on pourrait penser qu'elle avait un public spécial. Bientôt, la porte s'ouvrit et elle revint en battant vigoureusement les yeux.

"Vous pouvez entrer maintenant," dit-elle d'une voix rauque. Étrangement, sa voix avait baissé d'une octave en moins d'une minute. "Le vieux garçon a essayé de faire semblant d'être au milieu d'une grave urgence."

En entrant, il a mal calculé, ou c'est elle qui l'a fait, et il l'a frôlée. Le toucher était agréable, mais pas excitant. Cette réaction semblait réservée à Erica.

"Ravi de vous voir", dit le docteur Crander , derrière le bureau. Il était nerveux et harcelé si tôt le matin. "La réceptionniste ne m'a pas donné votre nom. Pour une raison quelconque, elle semble bouleversée."

C'est ce qu'elle a fait, pensa-t-il – probablement déconcerté par son apparence. L'hôpital ne semblait avoir aucune influence apaisante ni sur elle ni sur le médecin. "C'est pourquoi je suis venu ici. Je ne sais pas qui je suis. Je pensais que j'étais Dan Merrol ."

Le docteur Crander essaya de se frayer un chemin à travers le bureau. Étant un peu plus large et plus solide, mais pas de beaucoup, le bureau a gagné. Il se contenta de s'essuyer le front. "Notre patient disparu", dit-il en soupirant de soulagement. "Pendant un moment, j'ai eu des visions de..." Il a ensuite décidé que les visions n'étaient pas une chose à laquelle un médecin devrait accorder une grande confiance.

"Alors je *suis* Dan Merrol ?"

Cette fois, le médecin contourna prudemment le bureau. "Bien sûr. Je ne m'attendais pas à ce que tu viennes dans mon bureau, c'est pourquoi je ne t'ai pas reconnu immédiatement." Il expira d'un air maussade. "Où es-tu allé ? Nous t'avons cherché partout."

Il semblait plus sage à Dan de ne pas tout lui dire. "C'était étouffant à l'intérieur. Je suis sortie me promener avant que l'infirmière n'entre."

Crander fronça les sourcils, sa nervosité disparaissant rapidement. "Ensuite, c'était il y a environ une heure. Nous ne pensions pas du tout que vous pourriez marcher si tôt, sinon nous aurions gardé quelqu'un de garde toute la nuit."

Ils l'avaient sous-estimé, mais cela ne le dérangeait pas. Bien sûr, il ne savait pas comment un patient des bacs de repousse était censé se comporter. Le médecin a pris son pouls. "Ça a l'air bien," dit-il, surpris. "Asseyez-vous, s'il vous plaît, asseyez-vous."

Sans attendre qu'il obéisse, Crander le poussa sur une chaise et commença à sortir une variété d'instruments avec lesquels il fouillait son patient abasourdi.

Enfin Crander semblait satisfait. "Excellent", dit-il. "Si je ne le savais pas mieux, je dirais que vous étiez presque complètement rétabli. Il y a une semaine, nous avons envisagé de vous retirer du bac de repousse. Notre décision de vous y laisser une semaine supplémentaire a été très, très bien payée."

Merrol n'était pas aussi content que le docteur semblait l'être. "Bien sûr, vous pouvez m'identifier comme étant la personne issue de la repousse, mais cela signifie-t-il que je suis Dan Merrol ? Pourrait-il y avoir une erreur ?"

Crander le regarda cliniquement. "Nous ne faisons pas cela d'habitude, mais il est évident que pour vous, la tranquillité d'esprit est plus importante que la procédure. Et vous avez l'air assez bien pour supporter l'effort physique."

Il appuya sur le buzzer et une femme anguleuse d'une quarantaine d'années répondit. "Mlle Jerrems , le dossier Dan Merrol ."

Miss Jerrems lança un regard d'adoration ouverte au médecin et avant qu'elle ne puisse le comprendre, son regard passa sur Dan, hésita et revint vers lui. Sa bouche s'ouvrit et se ferma comme celle d'un poisson rouge nerveux et elle s'élança hors de la pièce.

Ils me voient et s'enfuient aussi vite qu'ils peuvent , pensa Merrol . Ce n'était pas tout à fait vrai : Crander ne semblait pas très affecté. Mais il était médecin et il y était habitué. De plus, il n'avait probablement de place que pour une seule émotion pour le moment : le soulagement du retour de son patient.

Miss Jerrems revint, conduisant une grande charrette. Dan fut surpris par la masse de disques. Crander remarqua son expression et sourit. "Vous êtes notre cas privilégié, Merrol . Je n'ai jamais entendu parler de quelqu'un d'autre ayant survécu à une opération chirurgicale d'une telle ampleur. Naturellement, nous avons un compte rendu étape par étape de tout ce que nous avons fait."

Il se tourna vers la femme. "Vous pouvez partir, Miss Jerrems ." Elle y partit, mais l'adoration qu'elle avait si ouvertement manifestée pour son employeur semblait s'être figée dans les derniers instants.

Crander a fouillé les dossiers et en a extrait les photographies. "Voici des photos de l'épave dans laquelle vous avez été retrouvé - remarquez que vous étiez attaché à votre siège - lors de votre accueil à l'hôpital - à différentes étapes de l'intervention chirurgicale et enfin, certaines tirées des dossiers de l'entreprise pour laquelle vous travailliez. ".

Merrol grimaça. La séquence photographique était incontestable. C'était un bel homme.

"Voici d'autres preuves dont vous n'avez peut-être pas entendu parler. C'est un développement récent, au cours des dix dernières années, en fait. Elle n'est toujours pas acceptée par la plupart des tribunaux - ils sont toujours à la traîne - mais pour les médecins, c'est le dernier mot. ".

Merrol a étudié les motifs des vagues, des lignes et des taches. "Qu'est-ce que c'est?"

" Radiographies cellulaires de masse. L'une vous a été prêtée par votre employeur. L'autre a été prise juste après votre dernière opération. Les deux ont été corrigées selon les méthodes standards. Une cellule ne le fera pas, dix donnent une identité incertaine - mais aussi peu qu'un Des centaines de cellules provenant de n'importe quelle partie du corps originel, à l'exception du sang, constituent une preuve plus positive que les empreintes digitales avant l'échange chirurgical des membres. Ne me demandez pas pourquoi, personne ne le sait. Mais il est vrai que les cellules diffèrent d'un corps à l'autre. ensuite, et ce test détecte la différence.

Les radiographies de cellules de masse semblaient identiques et le Dr Crander en semblait certain. Dans l'ensemble, les preuves étaient accablantes. Il n'y avait eu aucune erreur : il s'appelait Dan Merrol , même s'il n'était pas difficile de comprendre pourquoi Erica ne pouvait pas croire qu'il était son mari.

"Vous avez fait du bon travail", a-t-il déclaré. En se rappelant la photo de l'épave, il savait que c'était le cas. "Mais tu n'aurais pas pu faire un peu mieux ?"

de Crander se haussèrent. "Nous sommes étonnés de voir à quel point nous avons réussi. Vous pouvez rechercher des histoires de cas et ne rien trouver de comparable." Ses sourcils se remirent en place. "Bien sûr, si vous avez une plainte spécifique...."

"Rien de précis. Mais regarde cette main..."

Le médecin s'en saisit. « Magnifique, n'est-ce pas ?

"Peut-être... pris seul." Dan retroussa sa manche. "Voyez comment il rejoint l'avant-bras."

Crander l'agita gravement. "Il se coordonne parfaitement. J'ai observé que vous en aviez le contrôle total. L'œil du médecin, mon garçon. L'œil diagnostique du médecin."

L'autre n'a tout simplement pas compris. "Mais la taille, ça ne correspond pas à mon bras !"

"Ça ne *correspond pas* ?" s'écria le docteur. "Avez-vous une idée des modalités biologiques selon lesquelles cela *correspond* ? Certes, cela n'est peut-être pas esthétiquement harmonisé, mais ici nous plongeons dans les mystères de l'organisme humain, et nous ne pouvons guère nous efforcer d'obtenir des corps de Botticelli et des hommes de Michel-Ange. Premièrement, votre main bouge librement au niveau de l'articulation, un triomphe de la compétence chirurgicale. » Il bougea la main à titre expérimental, pour montrer à Merrol comment cela se faisait. Il laissa tomber la main et se précipita vers un écran contre le mur.

Crander a passé son doigt sur la surface et la marque est restée. "Vous connaissez le sang Rh positif et négatif. Mélangés, ils peuvent être mortels. Cela a été découvert il y a longtemps, par quelqu'un que j'ai oublié. Mais il existe d'autres facteurs tout aussi puissants et bien plus complexes."

Il a griffonné avec son doigt des symboles dénués de sens sur l'écran. "Prenons les facteurs osseux : trois. Ils doivent être appariés même dans un contact aussi léger qu'une articulation... cela a été fait. Ensuite, il y a les facteurs tissulaires : quatre. Les facteurs tendineux : deux. Les facteurs d'épissure nerveuse : encore trois. Après cela, nous abordons un domaine complexe, celui des facteurs d'utilisation des hormones – sept au dernier décompte et davantage encore avec des recherches plus approfondies.

"C'est le début, mais au niveau des organes sensoriels, nous laissons de côté les choses simples. Prenez l'œil, par exemple." Merrol se pencha en arrière parce que le Dr Crander semblait sur le point d'arracher un œil de Dan de son orbite. "Les facteurs chirurgicaux et de croissance impliqués dans l'épissage d'un faisceau nerveux massif dépassent la compréhension de tout profane. Il n'existe aucun terme non technique pour le décrire."

C'était aussi bien : Merrol ne voulait pas de cours. Il tendit les bras. L'un était de longueur normale, l'autre plus long. "Pensez-vous que vous pouvez faire quelque chose avec ça ? Cela ne me dérange pas la variation d'épaisseur - une partie de celle-ci s'atténuera au fur et à mesure que je fais de l'exercice - mais j'aimerais qu'ils aient la même longueur."

"Il y a eu beaucoup d'autres blessés en même temps, vous savez, et vous avez été l'un des derniers à être désincarcérés du navire. Normalement, quand nous devons remplacer un bras entier, nous le faisons à l'épaule pour des raisons évidentes. Mais les victimes précédemment soignées avaient épuisé nos réserves. Certaines n'avaient besoin que d'un coup de main et nous leur donnions juste cela, d'autres une main et un avant-bras, etc. Quand nous sommes arrivés chez vous, nous avons dû utiliser les restes ou vous laisser mourir - là " Ce n'était pas le moment d'envoyer dans d'autres hôpitaux. En fait , nous n'avions pas le temps du tout - nous pensions en fait que vous étiez mort, mais nous avons vite découvert que nous avions tort. "

Crander regarda une fissure dans le plafond. "La poursuite de la guérison nécessitera d'autres opérations et votre système nerveux n'est pas à la hauteur." Il secoua la tête. "Dans cinq ans, nous pourrons vous aider, pas avant."

Merrol se détourna misérablement. Il y avait d'autres choses, mais il avait appris l'essentiel. Il s'appelait Dan Merrol et ils ne pouvaient rien faire pour lui jusqu'à ce qu'il soit trop tard. Combien de temps pouvait-il s'attendre à ce qu'Erica attende ?

Le médecin n'avait pas terminé la séance médicale. "Le remplacement de parties du corps est facile, après tout. Le gros problème est survenu lorsque nous sommes entrés dans le cerveau."

"Cerveau?" Dan fut surpris.

« À votre avis, à quel point votre crâne est-il dur ? » Crander s'approcha. "Pincez la tête."

Merrol obéit et sentit l'index du médecin lui trancher le cuir chevelu lors d'une simulation d'opération. "Ce secteur a été écrasé." Environ la moitié de son cerveau, semble-t-il. "C'est pourquoi tant de souvenirs ont disparu, pas seulement à cause du choc. De plus, d'autres secteurs ont été endommagés et ont dû être remplacés."

Crander a tracé cinq zones qu'il pouvait sentir, mais qu'il ne voyait pas. "Samuel Kaufman, musicien – Breed Mannly , acteur cowboy – George Elkins, lépidoptériste – Duke DeCaesares , lutteur – et Ben Eisenberg, mathématicien, se sont rendus dans les endroits que j'ai exploités."

Dan releva la tête. Certaines choses étaient plus claires. Les souvenirs étaient authentiques, mais ils n'étaient pas les siens – et les autres épouses ne lui appartenaient pas non plus. Il n'était pas étonnant qu'Erica ait grincé des dents à leurs noms.

"Ces donneurs étaient morts, mais vous pouvez être reconnaissants que nous ayons disponible des parties de leur cerveau." Crander a fouillé le dossier et en a sorti une feuille.

"Voici quelques contributeurs de parties du corps." Il lisait rapidement. " Dimwiddie , Barton, Colton, Morton, Flam et Carnera étaient responsables des bras et des mains. Greenberg, Rochefault , Gonzalez, Tall-Cloud, Gowraddy et Tsin fournissaient les pieds et les jambes."

Ce n'était pas un homme, pensa Merrol . Pas maintenant. Au contraire, il s'agissait d'une convention et un seul organisme n'était pas un hôtel assez grand pour la tenir confortablement.

"C'étaient les principaux donneurs humains, mais il y en avait d'autres que je n'ai pas pris la peine de lire, pour les reins, etc. Et je pense que nos amis à quatre pattes méritent d'être mentionnés." Il a regardé en haut. "La peau de ton visage provient d'un embryon de porc."

Cela expliquait pourquoi il était difficile de se raser. " *Oink ?* " dit-il. "Je veux dire, est-ce que ça devait être un cochon ?"

"Vous seriez surpris de voir à quel point il est difficile de transplanter de la peau humaine", a commenté Crander . "En plus, nous voulions vous donner un look masculin. Le plus beau visage qui soit, une véritable peau de porc."

Merrol ressemblait à un portefeuille.

Le médecin parcourait la liste d'un ton bourdonnant, mais Merrol l'écoutait à peine. Une seule fois, il l'interrompit pour demander, incrédule : « Vous avez dit *cheval* ?

"Y a-t-il quelque chose qui ne va pas avec un cheval ?"

Merrol y réfléchit. À bien y réfléchir, il n'y avait rien de mal — en fait, les compliments étaient plus de mise.

"La capacité à faire correspondre les parties non liées qui constituent aujourd'hui votre personne constitue un jalon dans l'histoire de la médecine, tout à fait comparable à la découverte par Harvey de la circulation sanguine", a déclaré le Dr Crander . "Je n'y croirais pas si je n'y avais pas participé moi-même. Il y a eu des remplacements de membres et de cerveau auparavant, mais jamais à une telle échelle. Un de ces jours, nous publierons un rapport qui stupéfiera les médecins. monde."

Sans aucun doute, ce serait le cas. Merrol essaya de se sentir reconnaissant, mais la gratitude refusa de venir. Ils l'avaient sauvé, mais est-ce que cela en valait la peine ?

Intrigué, Crander fronça les sourcils au signal sonore. Il avait appuyé dessus par intermittence ces dernières minutes. "Ça n'a pas l'air de fonctionner", marmonna-t-il en se dirigeant vers la porte par laquelle Merrol était entré. "Attends ici, je reviens. Je dois annuler un rendez-vous."

Dès que la porte se ferma, une voix derrière Merrol siffla. "J'ai réparé la sonnerie. Il est allé chercher les gardes."

Il se retourna. Miss Jerrems se tenait devant la porte qui menait à la salle d'archivage, de l'autre côté du bureau. « Des gardes ? Il a répété.

"Bien sûr, des gardes pour les patients violents."

"Qu'est-ce que ça a à voir avec moi ?"

« Vous vous êtes échappé une fois, n'est-ce pas ?

Il ne s'était pas échappé, il était simplement sorti quand il sentait qu'il le pouvait. Est-ce que cela le qualifie de violent ? C'est possible. "Et alors ? Je ne suis plus un patient. Le médecin a dit que j'étais guéri."

"C'est ce qu'il t'a dit . Mais même s'il le pense vraiment, il y a toujours une psychothérapie, une orientation post-recroissance."

L'orientation – il n'y avait pas pensé. Ils voulaient le garder en observation pendant plusieurs jours et il n'avait aucune envie de rester hospitalisé. Erica viendrait à l'hôpital dans quelques heures. Peut-être qu'elle était là maintenant, attendant de voir quelqu'un. À bien y penser, il avait dépassé la réceptionniste avec une facilité remarquable. Quoi qu'il en soit, si elle insistait là-dessus, il faudrait qu'elle finisse par avoir accès aux preuves qu'il venait d'étudier.

Et puis il y aurait une orientation – pour les deux.

Sans aucun doute, on lui apprendrait à s'accepter tel qu'il était, et Erica serait entraînée à le regarder sans rire, et ensemble ils sauraient que sous son extérieur pie se cachait une charmante personnalité. Ensuite, bien adaptés, ils rentreraient chez eux et vivraient heureux pour toujours. Ou le feraient-ils ?

"Ne restez pas là si vous voulez vous enfuir", murmura Miss Jerrems avec urgence. "La prochaine fois, ils ne prendront aucun risque."

Ils ne le feraient pas. Il serait confiné dans une pièce dont il ne pourrait pas s'évader avec des gardes déguisés en infirmières. Aveuglément, il se dirigea vers la porte.

"Pas là", s'est-elle exclamée. "Veux-tu entrer directement dans eux ? Par ici. Ils ne te chercheront pas ici." Elle lui prit la main entre ses doigts osseux et le conduisit à travers le dédale de dossiers jusqu'à un ascenseur. "Cela vous amène au rez-de-chaussée", a-t-elle déclaré. "Une fois dehors, vous pouvez vous enfuir."

Il le pouvait probablement – c'était un grand bâtiment et il faudrait une recherche prolongée pour déterminer qu'il n'était pas à l'intérieur.

Elle sourit étrangement, s'éclaircissant la gorge. "Trente-sept Brighton Drive."

Machinalement, il répéta le numéro. "Qu'est-ce que c'est?"

"C'est là que tu peux le découvrir."

"Découvrir quoi?"

"Ce qu'ils t'ont fait ici. Je ne peux pas te le dire maintenant," murmura-t-elle nerveusement. "Oh, *dépêche-* toi !"

S'il devait agir vite, cela semblait être le bon moment. L'ascenseur le déposa au niveau de la rue et, regardant prudemment autour de lui, il sortit. En quelques minutes, il était à quelques pâtés de maisons. C'était le milieu de la matinée et il s'avança, les mains enfoncées dans sa veste. Il y avait une liasse de papier à l'intérieur et il la récupéra et l'examina : de l'argent soigneusement plié avec un billet autour.

La note venait d'Erica, disant que l'argent lui était destiné. La somme n'était pas énorme, mais elle avait dû lui donner tout ce qu'elle avait dans la maison. Brumeux, il le compta.

III

Dan n'avait pas été arrêté et ne s'attendait pas à l'être. Ce n'était pas un criminel, mais jusqu'à ce que l'hôpital le libère, il était techniquement un cas mental. Mais Crander ne serait guère pressé de signaler à la police la disparition d'un patient – pas avant d'avoir essayé toutes les autres solutions.

Merrol prit l'ascenseur. Il s'agissait d'un nouvel immeuble lumineux, qui conférait un certain statut social et pas grand-chose d'autre à ceux qui y vivaient.

Miss Jerrems a ouvert la porte. "Entrez," dit-elle, regardant furtivement autour d'elle alors qu'il passait devant elle.

Il s'assit avec précaution, la regardant se précipiter. Il essaya de protester, mais rien de ce qu'il dit n'eut d'effet sur son hospitalité agressive. Elle lui mit une tasse de café liquide dans la main et plaça un plateau de petits pains à côté de lui.

Elle s'assit face à lui. Leurs genoux se touchaient presque : la pièce était étroite. "Je suis rentrée immédiatement", dit-elle, ne réussissant pas vraiment à contrôler son excitation. "Je leur ai dit que j'étais bouleversée et, après mes longues années de service, ils ne m'ont pas interrogé. J'ai déchiré ma robe et je leur ai dit que vous l'aviez fait. J'ai dit que vous aviez couru vers le sommet du bâtiment."

Il appréciait ses motivations, mais pensait qu'elle n'aurait pas dû essayer si fort de les convaincre. Maintenant, ils avaient des raisons de penser qu'il était violent.

"Jusqu'à aujourd'hui, j'ai été dévouée au docteur Crander ", dit-elle sévèrement.

Il se souvenait du premier regard qu'elle avait eu sur son visage dans le cabinet du médecin – et de celui après qu'elle l'ait vu. En quelques secondes, toute son attitude avait changé. Pourquoi?

"J'ai entendu ce qu'il t'a dit." Elle siffla le mot : « Mensonges ».

Dan la regarda avec scepticisme. "Ils n'ont pas fait ce qu'il a dit ?"

"Oh, les faits étaient assez clairs", dit-elle amèrement. "C'était les raisons qu'il avait cachées. Ils pensaient que tu n'avais aucune chance, alors ils ont fait toutes sortes de choses étranges qu'ils n'ont jamais essayées sur personne d'autre. Tu étais une expérience, c'est tout, mais tu les as surpris."

L'hôpital recherchait le mauvais cas mental. Ils en avaient un qui travaillait pour eux et ne le savaient pas. Il ne doutait pas qu'elle ait raison – qu'il s'agissait d'une expérience – mais ses observations étaient fausses. C'était entièrement grâce à leurs procédures peu orthodoxes qu'il était en vie.

Elle l'examina attentivement et il sut que les moitiés de son visage ne correspondaient pas d'une manière ridicule, qu'une épaule était plus lourde que l'autre, que ses cheveux étaient de trois couleurs. Même au repos et entièrement habillé, de sorte que certaines anomalies de son physique étaient cachées, il était difficilement présentable.

"Quand je vous ai vu debout aujourd'hui, j'ai réalisé ce qu'ils vous avaient fait et ma loyauté envers l'institution et le médecin a disparu", a-t-elle déclaré avec sérieux. "Et la psychothérapie n'a pas pour but de t'aider, c'est de s'assurer que tu ne protesteras pas contre ce qu'ils ont fait. C'est pourquoi j'ai dû t'éloigner. Ils t'ont ruiné et maintenant *tu* dois *les ruiner*."

Il avait à moitié soupçonné que cela en arriverait là – mais il n'en était pas sûr. "Je ne veux pas les ruiner", dit-il lentement. "Je préférerais être en vie, même à titre expérimental. Et si vous envisagez une poursuite pour faute professionnelle, vous avez vu les dossiers. Je ne pourrais pas gagner contre ça."

"Je devrais être au courant des dossiers – j'ai travaillé dessus." Ses yeux brillaient et sa voix baissait. « Et si les preuves manquent ? »

Il s'est assis. Avec sa coopération, les éléments essentiels du dossier pourraient disparaître et, une fois disparus, il pourrait percevoir une somme faramineuse auprès de l'institution. Il lui suffisait de comparaître et aucun jury ni groupe d'experts ne se prononcerait contre lui. Est-ce ce qu'elle avait prévu si vite dans le bureau du directeur : partager l'argent avec lui ? D'une manière ou d'une autre, il n'arrivait pas à croire que l'argent comptait autant pour elle. "Je ne peux pas le permettre", a-t-il déclaré. "Malgré tout, je me sens obligé."

Elle se jeta à travers l'espace étroit. "Je m'attendais à ce que tu sois noble", sanglota-t-elle. "Un simple regard sur toi et je savais que j'avais rencontré la personne la plus seule au monde."

Le semblable appelait le semblable, du moins pour elle, et cela expliquait pourquoi elle avait grimacé lorsqu'elle l'avait vu pour la première fois. C'était son homologue de la réaction de la réceptionniste. Cela expliquait aussi pourquoi elle était prête à se retourner contre le médecin qu'elle adorait auparavant. Quant à l'argent, elle ne le voulait pas pour elle-même, mais comme appât pour lui – et il faudrait qu'il l'emmène avec.

Elle s'était trompée sur tous les points. Il l'aurait repoussée, mais cela aurait été trop cruel. Il essaya de la réconforter et elle essuya ses yeux sur son épaule. "Chéri," renifla-t-elle. "Je n'ai jamais cédé à aucun homme, mais si cela peut vous aider..."

Elle se rapprocha et il ne pouvait pas s'enfuir sans percer les murs minces de l'appartement exigu. Il n'avait jamais imaginé qu'une forme féminine pouvait être façonnée autour d'autant d'os. "Ces choses prennent du temps", a-t-il déclaré, même si ce n'est pas le cas. "Ne nous précipitons pas dans quelque chose que nous regretterions." Il semblait éveiller l'instinct maternel chez certaines femmes, ne serait-ce qu'au futur.

Actuellement, elle s'assit, se mouchant et le regardant avec ferveur à travers des yeux bordés de larmes. "Tu peux rester ici. Tu n'as nulle part où aller et ils te chercheront."

"Eh bien", dit-il, mais c'était vrai. Il ne devrait pas errer dans la rue.

Il a dormi cette nuit-là sur un lavabo transformé en lit. Il aurait été plus confortable sans conversion.

Il s'est glissé le matin avant qu'elle ne se réveille. Il s'arrêta dehors pour griffonner une note, principalement pour la faire perdre sa trace. On ne pourrait jamais le dire avec une personne aussi instable. Impliquée dans sa fuite, elle pourrait néanmoins se présenter à l'hôpital. Il glissa le message sous la porte et partit rapidement et silencieusement.

Son premier geste fut d'acheter un chapeau, ce qui lui causa encore plus de problèmes. Les médecins avaient surcompensé en remplaçant le tissu cérébral manquant et, en reconstituant un crâne, ils avaient construit une tête surdimensionnée sur laquelle rien ne semblait tenir. En faisant des achats minutieux, il trouva quelque chose qui lui allait et, lorsqu'il l'eut enfilé, il remarqua avec plaisir qu'il cachait les cheveux tricolores... un article de moins pour attirer l'attention.

Il a mangé et a ensuite marché jusqu'au port de fusée . C'était une longue distance et autrefois il aurait pu se plaindre, mais maintenant cela ne le dérangeait plus. Les kilomètres semblaient s'être réduits à des kilomètres.

Il trouva le grand panneau *Interplanète* et examina minutieusement les lieux de l'extérieur. Une fois qu'il y avait travaillé, techniquement, il le faisait toujours. Certains souvenirs sont revenus, mais pas beaucoup. Il lui fallait au moins une heure à l'intérieur pour lui permettre d'oublier l'hôpital et sa psychothérapie.

Une fois autorisé, il serait libre pendant un moment pour se concentrer sur ce qu'il devait faire à propos d'Erica.

L'hôpital n'avait visiblement pas encore fait appel à la police. Il était toujours en sécurité dans les rues, mais les médecins avaient dû avertir *Interplanet* et tous les autres endroits où il pourrait se présenter. Cependant, l'entreprise était trop grande pour que tout le monde le sache aussi vite. Plus probablement, seuls quelques-uns pourraient encore avoir des informations sur lui. L'astuce consistait à contourner les individus qui pourraient tenter de le détenir tout en arrivant là où il voulait.

Normalement, il se rendait à la réception après un accident. Cette fois, il s'est dirigé vers la porte latérale et, lorsque le garde l'a regardé d'un air interrogateur, il a marmonné : « Au rapport au travail ». Ce qui lui a permis de s'en sortir.

À l'intérieur, d'autres souvenirs l'attendaient. En fonction d'eux, il parcourut rapidement couloir après couloir et trouva finalement le bureau qu'il cherchait. L'homme derrière leva les yeux. "Es-tu sûr d'être au bon endroit ?" Il a demandé.

Merrol le saurait bientôt. "Au rapport au travail", a-t-il déclaré.

Cette réponse provoqua une expression perplexe. "Tu es le diable. Nous n'avons embauché personne de nouveau."

"Je ne suis pas nouveau. J'ai été blessé et c'est la première fois que je reviens. Mon nom est Dan Merrol ."

"D'accord, où est ton bordereau ?"

"Glisser?" » demanda-t-il en hésitant. C'était quelque chose qu'il aurait dû savoir, mais il ne le savait pas.

"Bien sûr, la libération du front office après une blessure."

"Ils ont dit qu'ils l'enverraient", répondit-il en retenant son souffle.

L'employé fouilla dans la pile. "Ils n'envoient rien", grogna-t-il. "Je vais appeler et découvrir." Sa main se tendit puis il se détendit. "Inutile de les déranger, ça arrivera demain." Il leva les yeux et rit. "La bureaucratie", a-t-il expliqué en guise d'explication. "Pourquoi devrais-je douter de toi ? Si tu as dit qu'ils t'avaient libéré, alors ils l'ont fait."

Merrol était heureux de voir un homme qui n'était pas impressionné par les routines du bureau. Son comportement était néanmoins un peu déroutant.

L'homme a regardé. L'unité de communication était derrière le bureau, inclinée pour qu'il ne puisse pas la voir. Le volume était faible, mais Dan pouvait entendre la conversation de ce côté. "J'ai une affaire pour vous. Vous vous appelez Dan Merrol . Je ne sais pas, il est en avance sur mon temps."

La réponse fut faible et Dan ne la capta pas. Mais l'employé a ajouté : "Il a l'air d'aller bien. Quoi ? Bien sûr , il a une autorisation. Est-ce que je l'enverrais ?"

Il coupa la connexion et leva les yeux. "Va chez le Psych. Ils te testeront. Si tu réussis, nous te remettrons dans les délais." Il commença à se détourner et vit Merrol qui se tenait là. "Quel est le problème?"

"Je ne sais pas où est Psych."

"Je vois. Nous avons dû déplacer des choses depuis que tu es là." L'homme se leva et montra du doigt. "Descendez et tournez à gauche au deuxième coin. Vous ne pouvez pas le manquer."

L'examinateur scannait une carte en entrant. "Beaucoup d'expérience", a-t-il commenté. "Nous passerons de côté les éléments écrits. C'est pour les enfants, pour être sûrs qu'ils ont étudié leurs leçons. Après avoir été absent aussi longtemps, vous pouvez presque sentir un cours plus vite que quiconque ne peut le comprendre."

C'était un soulagement. Merrol ne savait pas de quelle théorie il se souvenait, mais il était sûr qu'il pouvait toujours soulever un navire aussi bien que le prochain homme.

L'examinateur a noté la carte et l'a lancée dans une machine qui l'a saisie et a cliqué furieusement dessus. "Prenons d'abord le plus important, si vous êtes à la hauteur."

"Je me sens bien." Ce n'était pas vrai, mais c'était la réponse habituelle. N'importe quoi d'autre, et il serait envoyé dans une série de tests dénués de sens, chacun étant conçu pour vérifier les résultats des tests précédents. Un plan ingénieux mis au point par l'équipe psychiatrique pendant leur temps libre pour voir à quel point ils pouvaient compliquer n'importe quel système donné. Répondant sans détour, ils ont précipité un homme avec un minimum de formalité.

"D'accord, faisons le voyage."

Il accompagna Dan dans une pièce pas comme les autres. D'une part, il aurait pu s'agir de la salle de contrôle d'un navire. Vers l'avant, la vue était dégagée comme d'habitude. Les étoiles étaient là aussi, dans une adaptation du planétarium. À l'extérieur, disposées pour produire n'importe quel effet, de l'accélération maximale à la chute libre, se trouvaient un certain nombre de bobines de gravité. À l'exception du pilote – et Merrol jouerait ce rôle – il y avait un effectif complet d'officiers invisibles.

Le testeur a allumé une machine. "Je vais vous donner Mars, parce que c'est votre course habituelle. C'est un trajet court, car vous êtes dans une position favorable. Compris ?"

Merrol hocha la tête et monta sur le siège, face aux instruments.

"J'ai activé les meilleurs simulateurs d'équipage, meilleurs que vous n'en auriez jamais eu. Ne vous inquiétez pas pour eux, prenez simplement les données et volez comme vous le pensez." Le testeur a fixé un micro à quelques centimètres de lui et a ajusté fermement les visio -enregistreurs sur sa tête, où les faisceaux d'électrons pouvaient se faufiler et toucher ses centres optiques. "Le premier voyage après votre départ est difficile, mais vous y arriverez."

Merrol s'attacha et espéra que l'autre homme avait raison.

L'examinateur s'est dirigé vers la porte, s'est retourné et a souri. "Faites attention à l'oie interplanétaire", a-t-il appelé en actionnant l'interrupteur.

Merrol était maintenant à bord d'un navire. Au fond de son esprit, il y avait un doute sur ses capacités, mais cela n'allait pas jusqu'à ses doigts. Des fusées vibraient sous lui. Dehors, il pouvait voir la nappe de terre vernissée. Il toucha le pouvoir et grimpa au-dessus des nuages. Le ciel est devenu noir et il y avait des étoiles.

Il vérifia sa position. Le testeur lui avait donné une configuration. La Lune était à l'écart et la course vers Mars a été la plus courte jamais enregistrée. S'il ne pouvait pas gérer ça, il n'était pas pilote.

Le siège le heurta soudainement. C'est de cela qu'on l'avait prévenu : il s'y attendait et n'était toujours pas préparé. Les médicaments temporaires l'ont envahi et l'aiguille a été retirée.

Le décollage et l'atterrissage étaient toujours répétés pendant le temps libre du pilote. Les fins d'un voyage étaient critiques et il était essentiel d'avoir une réaction non faussée. En plus, ni l'un ni l'autre n'a pris longtemps.

Le temps entre une planète et la suivante était long et il ne se passait pas grand-chose, il pouvait donc être raccourci sans effet délétère sur les résultats. Les médicaments Tempathy l'ont raccourci, mais pas complètement. Une partie de la conscience humaine avançait à vitesse normale et le reste, celui qui comptait en fusées jockeys, était énormément télescopé.

Il s'est télescopé sur Merrol . Il ne pouvait pas voir. Au contraire, une partie de lui le pouvait, mais, pour l'autre fraction, les images défilaient devant ses yeux trop vite pour que son esprit puisse les évaluer. Les semaines passèrent en quelques minutes. C'était un monde onirique renversé : les rôles de la conscience et de l'inconscience étaient inversés.

Il y avait quelque chose qui n'allait pas avec les sons qu'il entendait à moitié. Il pouvait ressentir des émotions, même s'il ne pouvait pas les séparer en sens. Il y avait d'autres voix qui n'auraient pas dû être là – l'équipage mécanique lui parlait en lui transmettant des données silencieuses – mais il y avait d'autres voix réelles, effrayantes ou consolatrices. Il essaya de parler, mais ses cordes vocales furent empêchées.

Il faisait tout cela, parlant, déplaçant les commandes, dirigeant le vaisseau entre les planètes. Cela aurait dû être plus facile que le décollage, mais ce n'était pas le cas. Il ne devrait pas avoir peur de tout ce qu'il pourrait découvrir là-bas – ce qui n'était rien – mais cela ne changeait rien aux conditions. Il était profondément perturbé et il espérait que le testeur l'aurait remarqué.

L'examinateur a repéré des problèmes. Il ouvrit la porte et inversa l'interrupteur. Les lumières se sont allumées et une autre aiguille l'a transpercé, neutralisant les effets des médicaments contre la tentation . Lentement, le vaisseau disparut, l'espace avec lui, et la pièce revint à la vue et se stabilisa. Quelque chose lui rendit ses yeux et ses oreilles.

"Facile", dit l'homme. "Asseyez-vous là. Vous n'êtes pas obligé de bouger. Nous découvrirons ce qui ne va pas. Ce n'est peut-être pas grave du tout."

En décrochant le visio -enregistreur, le testeur a également éloigné le micro. "Tu allais bien", dit-il. "Je n'ai jamais rien vu de plus fluide. Par ici, cependant, vous semblez avoir des difficultés. Nous allons ralentir et voir ce que c'était."

Il a mis les bobines en place et a assombri la pièce. Sur l'écran se trouvait le portique de vision et, à travers celui-ci, une vue de Mars. Une tache de lumière brillait, grandissait, devenait un nuage, un essaim. Un essaim?

"Dieu!" dit le testeur, perplexe. "Un milliard de papillons ! Comment pouvez-vous imaginer des papillons à vingt millions de kilomètres d'une planète ?"

Merrol se tortilla – il ne le savait pas non plus. Qu'est-ce qui n'allait pas chez lui pour lui faire rêver des papillons ?

L'examinateur a éteint le film et allumé les lumières. " Alors tu les as manqués… pourquoi, je ne sais pas. " Il a manipulé une autre machine. "Nous ralentirons le son, les synchroniserons plus tard, mais peut-être que le son à lui seul nous donnera une idée de ce qui s'est passé."

"Qu'est ce que c'est?" Cela venait de la bande sonore, mais c'était la voix de Merrol .

"Ce sont des lépidoptères." Une autre voix, la sienne aussi, quoique d'une tonalité et d'un timbre différents, la sienne, parce qu'il était le seul à parler. "J'ai toujours rêvé de découvrir une nouvelle espèce et c'est enfin fait, puisqu'elles peuvent voler à travers l'espace. Quelles étranges adaptations ont-elles faites. Ne sont-elles pas belles ?"

Il a répondu. "Ils ne le seront plus quand je les percerai. Les fusées les feront frire."

"Se détourner!" cria le lépidoptériste. "Vous ne pouvez pas les détruire."

"Je vais faire comme si cela n'arrivait pas", a déclaré une voix cultivée. " *Bang Bang!* "

"C'est bouleversant", a déclaré une autre personne. "Comme je n'ai pas d'instrument, j'écouterai avec ma mémoire un concerto de Bach. Malheureusement, il se termine au milieu du troisième mouvement, comme s'il avait été tranché avec un couteau qui séparait nettement une note de la suivante. Pourtant, il vaut mieux avoir ça que rien. »

"Vos ordinateurs sont terriblement lents", dit le cinquième. "Je vais trouver un nouveau parcours pour nous."

"Donne-moi les commandes", dit le lutteur. "Je ferai tourner le navire, si je dois le faire à mains nues."

L'examinateur a coupé le son et s'est occupé de choses qui auraient pu être nécessaires. "Tu n'es pas obligé de rester assis là", dit-il après un moment. "Attends dehors." Il baissa les yeux : « Faites attention lorsque vous bougez, le manche à balai va tomber. Je ne savais pas qu'il pouvait être cassé.

Alors qu'il se levait du siège, l'examinateur lui a donné une tape dans le dos. "Dites-vous quoi, mon ami, n'attendez pas, allez maintenant à la Commission d'indemnisation et voyez ce qu'il en est de la retraite."

IV

Merrol était assis dans la pièce où il était assis depuis un jour et demi depuis le test psychologique. Il était immédiatement sorti, avait trouvé une chambre et s'y trouvait toujours. Ce n'était pas confortable d'être assis. Quelle que soit la position qui convenait pour la flexion d'un genou, elle était mauvaise pour l'autre.

Il avait compté sur le test pour se sortir du pétrin, mais le stratagème avait échoué. S'il avait réussi, il aurait été un autre pilote expérimenté pour la chaîne *Interplanet* et cela signifiait quelque chose. Les hommes expérimentés étaient précieux et IP se serait battu pour lui.

Tout le monde ne pouvait pas réussir le test et, même si cela ne prouvait pas que l'homme qui l'avait réussi était sain d'esprit à cent pour cent, c'était un argument de poids en ce sens. C'était une preuve qui devait être respectée publiquement, quels que soient les doutes privés qu'un psychothérapeute puisse avoir.

Sans le vouloir, il avait fourni des munitions supplémentaires contre lui-même. Lorsque les résultats du test seraient passés au crible les couches de paperasserie jusqu'au front office, *Interplanet* contacterait l'hôpital, qui voudrait alors vraiment l'orienter vers une bagarre.

L'orientation semblait sympa mais ce n'était pas pour Merrol . S'ils pouvaient orienter toutes les personnes avec lesquelles il entrerait en contact également, mais dans quelle mesure un homme pourrait-il se protéger du rire involontaire ? C'était bien d'être un comédien à l'écran, puis de sortir de son personnage et de se détendre, mais et si on ne pouvait pas s'arrêter ? Personne ne pouvait s'adapter à l'attente constante d'une gaieté hystérique. Mais n'était-ce pas une raison pour suivre une psychothérapie, afin d'atténuer ses propres réactions ? Cela aurait dû l'être, mais d'une manière ou d'une autre, ce n'était pas le cas. Il n'osait pas se soumettre.

Il y avait une différence, apparemment déterminée par le sexe, dans la manière dont les gens se comportaient à son égard. Jusqu'à présent, aucun homme n'avait fait plus que sourire respectueusement alors qu'il était proche. Ce qu'ils ont fait plus tard, il pouvait le deviner. Face à face, ils semblaient réservés et incrédules jusqu'à ce qu'ils apprennent à l'accepter comme un membre de leur espèce et de leur sexe et alors… comment *ont* -ils agi ? Il faudrait plus qu'une simple réflexion pour comprendre *cela* .

Les femmes virent instantanément la grande blague et rirent, et il ne pouvait pas leur en vouloir. Quelques secondes plus tard, ils sourirent d'un air contrit et essayèrent de le toucher, comme si le contact pouvait expier leur comportement. *Ils* remarquaient leur apparence à tout moment, alors que les hommes, en règle générale, ne le faisaient pas pour leur propre sexe.

Il fit une pause pour réexaminer ses pensées. Quelque chose semblait manquer dans son analyse. Ce que c'était, il ne pouvait pas le dire. Cela devrait sortir plus tard, car il se mêlait davantage aux gens – si jamais il le faisait.

Et ce n'était pas tout. Il avait été pilote, mais ne le serait plus jamais. Son talent avait été détruit par l'intrusion de cinq autres personnalités, qui apportaient chacune leur petite part de connaissances inutiles à l'ensemble de Merrol . Il aurait dû s'y attendre, mais ce n'était pas le cas, pas plus que les médecins.

C'était évident – les tranches de cerveau qui avaient remplacé ses propres tissus endommagés devaient être en bon état, sinon elles n'auraient jamais fonctionné correctement – et selon ces imbéciles de médecins, quelle était la fonction d'un cerveau ? Il commandait le cerveau du groupe parce que sa fraction était dominante, mais quand il s'asseyait et y réfléchissait, à quoi cela servait-il ? Il était assis et cela ne servait à rien, alors il s'est levé.

Il fit deux pas à travers la pièce et regarda par la fenêtre, vers les fenêtres qui donnaient sur la sienne. La compensation lui arrivait. En fin de compte, il le partagerait avec Erica et s'en irait. Elle devait savoir maintenant que l'homme avec qui elle avait passé la nuit était en réalité son propre mari. Intellectuellement, elle a dû décider de l'accepter.

Mais il n'était pas noble. Même s'il la voulait, il savait qu'il ne pouvait pas vivre avec quelqu'un qui devait étouffer son rire lorsqu'il sortait du bain ou se mettait au lit.

Il marcha sans but sur le tapis jusqu'à ce que, par la fenêtre, il entende un mot diffusé dans l'appartement voisin. Il pensait que cela lui semblait familier. Il ferma les persiennes et grogna, mais cela n'aida en rien – ce mot le dérangeait. Il tendit le long bras pour allumer son propre écran.

Un visage apparut et une voix d'homme murmura. Merrol a augmenté le volume, mais il n'est pas devenu plus fort. C'était du type apaisant à basse pression. Quoi qu'il vende, c'était un changement bienvenu.

L'annonceur eut un sourire rassurant. « En fait, je parle à une seule personne. Le reste d'entre vous pourra écouter ou non pendant les cinq prochaines minutes, après quoi j'aurai quelque chose à vous dire. C'était une approche intelligente pour garantir que le public ne change pas de programme.

"Dan Merrol , ceci est un message personnel pour vous." Merrol se redressa.

"Nous vous appellerions si nous le pouvions, mais c'est une grande ville et vous avez tout simplement disparu. Nous avons des agents qui tentent de vous retrouver, mais sans succès jusqu'à présent." L'annonceur se pencha en avant en toute confidentialité.

"Maintenant, Dan, avant de vous alarmer, laissez-moi vous dire que vous n'avez rien fait de mal. En fait, chez *Interplanet* , nous pensons que vous avez tout fait correctement, mais j'y reviendrai plus tard."

Interplanète ? Ensuite, ce n'était ni l'hôpital ni la police. Que pouvait lui vouloir IP ?

"Il ne fait aucun doute que le test que vous avez passé a été quelque peu un choc. Ne blâmez pas le psychanalyste pour les conclusions qu'il a tirées - on ne peut pas s'attendre à ce qu'il en sache plus que les principaux psychologues. Vous êtes probablement curieux de savoir ce que signifie ce test. a à voir avec vous et *Interplanet* . Nous l'espérons et souhaitons que vous continuiez à nous écouter.

"Le test a prouvé que vous n'êtes plus un pilote compétent, mais il a également révélé quelque chose de bien plus important. Dan, *vous* êtes la réponse à un problème qui nous dérange depuis des générations. Avant l'accident, vous ne connaissiez rien à la musique ni à la vie. en sciences, vos mathématiques étaient adéquates mais pas approfondies, vous vous sentiez souvent mal à l'aise en présence des autres alors que vous n'en aviez pas besoin et vous manquiez de confiance en vos capacités physiques.

" Soudain, vous avez gagné quelque chose de chacun et, lorsque nous avons contacté vos médecins, nous avons pu deviner comment cela s'est produit. Maintenant, vous vous demandez : à quoi cela vous sert-il et quel est le problème auquel cela est la réponse ?

" Simplement ceci : *une spécialisation* . Vous savez ce qui constitue un équipage de fusée : un pilote, un homme radio, un ingénieur et plusieurs techniciens de moindre importance, chacun ne connaissant que son propre travail. Même si vous ne vous asseoirez plus jamais aux commandes, grâce à vous, nous pouvons aider les autres."

L'annonceur baissa maintenant la voix. "Vous pouvez nous débloquer une spécialisation. À l'avenir, chaque homme se concentrera sur les aptitudes particulières qu'il possède, puis les partagera, via la chirurgie, avec d'autres dont les connaissances complètent les siennes. Pour ce faire, nous devons vous étudier plus en détail et, Bien sûr, nous vous paierons bien pour cette opportunité. De plus, vous recevrez toujours votre compensation. N'hésitez pas à venir en discuter avec nous.

"Franchement, nous sommes un peu inquiets de ce que vous pensez. Si vous avez des idées d'autodestruction à cause de ce qui peut sembler une condition étrange, mettez-les de côté. Vous êtes beaucoup plus sain d'esprit que la moyenne des hommes."

Merrol écoutait, souriant à cette remarque. Peu importe ce qu'ils pensaient, il ne pouvait pas sérieusement envisager le suicide. Il y en avait trop d'autres pour l'en dissuader.

Néanmoins, il était difficile de comprendre et d'accepter ce changement soudain de statut. Auparavant, il n'était qu'un simple employé, mais maintenant...

L'annonceur n'avait pas fini. "Au début, Dan, j'ai dit que tu avais tout fait correctement, que tu le saches ou non. Après avoir appris ce que nous avions fait grâce à ton test, nous avons vérifié dans nos dossiers et avons découvert que nous avions quelques autres cas d'accident enregistrés dans nos dossiers. quelle partie du cerveau avait été remplacée. Dans chaque cas, il y avait une légère trace d'une autre personnalité, que nous pouvions détecter lorsque nous savions quoi chercher. Nous avons revérifié chaque personne que nous pouvions localiser. Malheureusement, les personnalités latentes et leur part de Les connaissances avaient été submergées et irrécupérables par la psychothérapie rigoureuse que la victime de l'accident avait subie après l'opération.

Le théorème imaginaire de l'auto-thérapie de Wysocki. Il n'avait jamais connu quelqu'un portant ce nom, et il ne l'avait pas non plus obtenu d'un des cinq autres. Mais, aussi absurde qu'il l'ait inventé pour exprimer les besoins qu'il ressentait à l'époque, ce n'était en fait pas absurde. À ce propos, qui savait quelque chose sur six esprits regroupés – et qu'aurait-on pu lui faire dans l'ignorance ?

L'annonceur avait fini de parler seul à Dan Merrol . "N'oubliez pas, vous tous," dit-il vivement. "Cet homme n'est ni un criminel ni un fou. Il est extrêmement renfermé, suite à des expériences désagréables. Si vous parvenez à l'inciter à venir sur *Interplanète* , ou à y conduire nos représentants, vous recevrez une récompense substantielle. Voici sa photo ".

Merrol éteignit l'écran et fronça les sourcils. Il n'aimait pas cette dernière. Il avait l'intention d'accepter leur offre, mais il voulait être libre de marcher dans les rues. Il pourrait régler cela assez facilement en appelant simplement *Interplanet* . Ils enverraient quelqu'un pour l'emmener. Cela résoudrait tous ses problèmes – n'est-ce pas ?

Certes, cela éliminait l'orientation ou toute forme de psychothérapie. Après ce qui était arrivé aux autres, les psychologues se contenteraient d'observer ce qui se passait dans son esprit. Ils ne voudraient pas lui laisser beaucoup d'intimité, mais il devrait insister là-dessus. Ils écouteraient.

Cela pourrait être juste un travail, un très bon travail tant qu'il durait – disons trois ou quatre ans – jusqu'à ce qu'ils aient appris tout ce qu'ils devaient savoir. Peut-être y aurait-il d'autres hommes mélangés de manière plus scientifique que lui. Mais il pourrait accumuler suffisamment d'argent pour le reste de sa vie, ou peut-être consacrer ses nombreux nouveaux talents à autre chose. Il y avait beaucoup de choses qu'il aimerait faire, et il était désormais en avance sur tout le monde, même si dans trois ou quatre ans il ne serait plus unique.

Sauf bien sûr dans son corps.

Et c'était encore là. N'y avait-il rien qu'il pouvait faire pour s'en sortir ?

Il n'avait aucun souvenir d'Erica à part cette nuit, mais c'était suffisant pour le convaincre. Quel serait leur avenir dans ce qui allait sûrement suivre ? Après cette émission, il serait une personne d'une certaine importance, mais est-ce que cela arrêterait de rire ? Attendrait-elle qu'il quitte la pièce avant de rire ?

Il s'était réconcilié avec *Interplanète* , mais il devait d'abord se réconcilier avec lui-même... et il ne l'a pas fait.

Quelle était la qualité de son théorème imaginaire de Wysocki ? Cela pourrait-il nécessiter une dernière prolongation ? Il compta ce qui restait de l'argent qu'Erica lui avait donné. Ce n'était pas grand-chose, mais avec cela, il pouvait quitter la ville. Et il le fallait.

———————————————

V

C'était le crépuscule lorsqu'il sortit de la pièce et plus tard encore lorsque l'avion s'éloigna de la gare. Il s'agissait d'un ancien avion à réaction, relégué depuis longtemps à un service de nuit bon marché où la vitesse n'était pas un facteur et le prix l'était.

Il savait qu'il tentait sa chance et s'attendait à moitié à être arrêté, mais apparemment, peu de gens avaient écouté l'émission. Des regards occasionnels s'éloignèrent de lui et ne s'attardèrent pas. En partie, soupçonnait-il, parce qu'il avait mis son chapeau sur son visage et mis ses mains dans sa veste. Il s'était enfui à temps, mais le matin, il y avait des gens dans les rues à sa recherche.

Il regarda l'approche d'un port. Lorsque ce navire avait été construit, il y avait une certaine révolte contre cette pratique et la rangée de tubes cathodiques avait donc été camouflée en ports dans le mur. Il y avait un sélecteur de station, mais aucun pour *allumer* ou *éteindre* . Il jeta un regard noir à la photo à côté de lui et se tourna vers la chose la moins ennuyeuse qu'il pouvait trouver. De l'autre côté de l'allée, il pouvait voir distinctement trois autres programmes. Celui juste en face était une rediffusion de l'émission qu'il avait entendue quelques heures auparavant. Il fronça les sourcils et détourna le regard. S'il n'y avait pas eu un avion de nuit dans lequel les gens cherchaient à dormir, il aurait certainement été repéré. L'apathie était sa meilleure protection. Il s'est penché sur son siège et s'est assoupi.

Lorsqu'il se réveilla, le programme familier *d'Interplanet* était à ses côtés. Il tendit la main pour changer de station, puis, sur un coup de tête, laissa sa main passer devant le bouton jusqu'à ce qu'il sente le cendrier. Il détacha le lourd article et le passa à travers l'écran.

Le verre s'est brisé, mais seuls quelques personnes dans les environs immédiats l'ont entendu dans le vacarme. A ceux qui le regardaient, il présentait une vue de son dos ou le profil de son chapeau. Ils le regardèrent avec indifférence, puis détournèrent le regard. À l'extérieur de l'orifice, là où le tube se trouvait à l'extérieur de deux parois, se trouvait un véritable port. Il le parcourut avec contentement.

Un doigt le tapota. "Oui?" dit-il d'une voix forte.

L'homme derrière lui se pencha. "Je prends cet avion une fois par semaine depuis cinq ans. Je veux dire, est-ce que ça te dérangerait si je regardais dehors ? Je n'ai jamais vu où je vais."

"Content de t'avoir."

L'homme s'assit à côté de lui et regarda dehors avec nostalgie. En dessous se trouvaient des lumières, des motifs de villes, de routes et de villages et, au loin, l'éclat des fourneaux. Il y avait aussi un courant d'air froid s'infiltrant de l'espace entre les doubles parois. L'homme regarda, frissonna, releva son col et finit par regagner sa place.

Il faisait froid, mais Merrol restait là où il était. Il y avait une certaine satisfaction à s'affirmer, mais la satisfaction s'est dissipée et le froid non plus.

Son attention fut attirée par le programme qui défilait de l'autre côté de l'allée. Docteur Crander — Merrol fronça les sourcils. L'hôpital le voulait-il aussi ? Il a écouté attentivement. Non, ils ne voulaient pas de lui.

Crander avait l'air fatigué. "Il s'agit d'un appel d'urgence et nous aurons besoin d'une réponse large. Nous avons sous nos soins une personne atteinte d'une maladie grave que nous ne pouvons pas diagnostiquer. Avec autant de voyages interplanétaires, nous ne pouvons pas déterminer la cause de la maladie. Il se peut que un organisme d'une lune de Saturne ou presque n'importe quoi d'autre.

"Notre personnel travaille à toute vitesse. Nous pensons que si nous parvenons à la garder en vie pendant une semaine, elle sera hors de danger. Ce n'est en aucun cas une certitude, mais une prévision raisonnablement précise.

"Nous avons une nouvelle théorie, en grande partie non testée, mais nous espérons qu'elle fonctionnera. Chaque personne est différente de l'autre et même si, lorsque nous associons des membres et des organes, nous essayons d'en tenir compte, nous ne parvenons jamais à réaliser une analyse biologique parfaite. En conséquence, le caractère du sang change, légèrement mais de manière significative. C'est comme si nous avions regroupé les différentes immunités naturelles des corps composants et créé une super-immunité entièrement nouvelle.

Crander fit une pause. "Nous avons besoin de personnes qui ont subi au moins cinq remplacements majeurs. Par majeur, j'entends les mains, les bras, les jambes ou des parties de ceux-ci - rien d'aussi trivial que des oreilles, ou quelques pieds de peau, ou trois ou quatre doigts.

"Il doit y en avoir au moins cinq, même si plus c'est en conséquence mieux. Rien de moins - et s'il vous plaît, ne postulez pas avec seulement un remplacement mineur. Deux donneurs se sont portés volontaires jusqu'à présent et nous avons fractionné et administré le sang de l'un d'entre eux avec un traitement dramatique, bien que temporaire. , résultats. Dans quelques heures, il faudra utiliser le second. Après, je ne sais pas ce que nous ferons."

Merrol remua. Il était profondément méfiant.

"Voici la femme", dit Crander . "Elle a besoin de ton aide."

L'homme de l'autre côté de l'allée s'est penché en avant et sa tête était devant la photo. Merrol essaya de voir, mais n'y parvint pas.

"C'est à vous de décider", a déclaré Crander en disparaissant de l'écran.

Merrol a tapoté l'homme de l'autre côté de l'allée. "S'il vous plaît, répétez-le."

L'homme regarda autour de lui et vit de qui il s'agissait. "Aw, tu es le gars qui n'aime pas ce genre de choses." Il secoua la tête en direction de l'écran cassé.

La cellule mémoire du tube cathodique n'avait pas une longue durée d'attention. Il pouvait rappeler quarante-cinq secondes du programme précédent et pas plus. L'émission peut être répétée ou non. Voulait-il attendre ?

Il tendit son bras – le plus long – et l'attacha à la veste de l'homme, le poussant brièvement et brutalement.

"Répétez-le, j'ai dit!"

L'homme baissa les yeux. Il n'était pas petit lui-même, mais c'était un gros poing. "Bien sûr," dit-il en appuyant sur le bouton de répétition. La scène a été rejouée.

"Merci", dit Merrol en lâchant prise.

L'homme regarda ses vêtements froissés. "Pas du tout," marmonna-t-il en se glissant contre le mur. "N'en parle pas."

La femme était Erica. C'était trop une coïncidence si, parmi tant de millions de personnes dans la ville, elle devait être la bonne. L'hôpital et *Interplanet* travaillaient ensemble et ils avaient désormais fait venir Erica. À quel point pensaient-ils qu'il était crédule et combien lui avaient-ils offert en échange de cela ? Mais ce n'est peut-être pas une question d'argent : ils l'auraient peut-être convaincue qu'il était dans l'intérêt de Dan de le contacter immédiatement.

Ils l'appâtaient grossièrement et s'ils ne le faisaient pas, il y en avait d'autres qui pourraient répondre aussi bien que lui. Il doit y avoir des centaines de personnes dans les environs, des dizaines en tout cas, qui pourraient se qualifier. Il y en avait suffisamment sans lui, selon la fréquence à laquelle la fraction sanguine était nécessaire. Crander ne l'avait pas dit. C'était un piège et Erica n'était pas malade – ou si elle l'était, elle serait en sécurité sans lui. Il devait se décider avant de la voir, et il ne le pouvait pas. Il serra les mains, grandes et petites. Il avait poussé trop loin le théorème de Wysocki et celui-ci avait échoué.

"J'ai eu une femme autrefois." La voix le fit sursauter, mais il resta assis, espérant l'entendre à nouveau. Peut-être qu'ils lui diraient quoi faire. "Pas aussi mince qu'Erica. Plutôt rebondissante, en fait, mais je l'aimais bien. Dommage qu'elle se soit enfuie avec un coléoptère . Elle n'a jamais pu comprendre ce qu'elle voyait en lui." La voix devint triste. " *Coléoptères !* "

"Mon conseil est que les épouses sont faciles à trouver", dit une voix théâtrale, modulée pour l'effet. "Mais avant de quitter ce corps mortel jusqu'à la dernière rafle, chaque homme devrait avoir au moins une femme comme Erica."

"Je ne peux pas parler d'épouses ou de femmes", a déclaré le musicien. "Il reste si peu de souvenirs, principalement de la musique. Mais vous fredonnez inconsciemment un air depuis des jours – et je dois vous dire que Beethoven n'a rien écrit qui s'appelle Erica. Le titre correct est Eroica."

"Une chute ne veut rien dire, c'est toujours les deux meilleurs sur trois. D'après moi, tu dois te relever. Approche-toi d'eux, tiens-les bien, ou ils te jetteront hors du ring."

"C'est quelque chose qui ne peut pas être compris. Il y a des probabilités auxquelles personne ne peut survivre. Vous devrez résoudre celle-ci vous-même."

Il était assis là, sans bouger. Ils étaient toujours avec lui, mais parfois ils ne l'aidaient pas beaucoup.

L'avion atterrirait de l'autre côté du continent. Il avait peu d'argent, mais il pouvait entrer en contact avec *Interplanet* et ils lui avanceraient le prix du billet retour. Malheureusement, une telle démarche prendrait du temps. Il y aurait des horaires à jongler, sans parler du trajet retour. Ce n'est qu'une question d'heures sur un navire rapide, et si c'était trop long ?

———————————

Il se leva et s'avança. "Vous ne pouvez pas entrer là-dedans", dit l'hôtesse.

Il regarda derrière elle vers le compartiment du pilote. Il était bien verrouillé de ce côté mais pas de l'autre. Il baissa les yeux sur la jeune fille. C'était une tradition selon laquelle les hôtesses de l'air étaient de magnifiques créatures, même si cette tradition n'était tout simplement plus vraie. À l'ère de l'exploration spatiale, le transport aérien avait renoncé au glamour. Mais pour des raisons insondables, cette hôtesse de l'air était un retour au bon vieux temps. Si elle ne parvenait pas à atteindre une vraie beauté, elle s'en approchait suffisamment pour qu'aucun homme en bonne santé ne puisse s'opposer à sa proximité.

Merrol pourrait lui reprendre les clés, mais elle crierait et une douzaine d'hommes sauteraient à son secours. Il ne se souciait pas des probabilités.

Il avait rencontré trois femmes et avait-il lui-même mal évalué l'effet de cette nouvelle sur elles ? D'abord Erica – son comportement avait été étrange, étant donné que, dès le début, elle avait dû douter qu'il soit son mari. Puis la réceptionniste — elle *s'était* démenée pour le faire entrer dans le bureau de Crander lorsque ce dernier était bouleversé par la disparition d'un patient. Et enfin, la pathétique Miss Jerrems , qui avait dégelé et qui serait tombée dans des projets véreux s'il l'avait encouragée. Était-ce une forme de pitié ou quelque chose de tout à fait différent – ou est-ce que cela importait du tout tant qu'ils n'étaient pas indifférents ? Il y avait un moyen de le savoir.

Il leva son bras, le plus court, et posa affectueusement sa main sur l'épaule de l'hôtesse. "N'y a-t-il pas une chambre privée à l'arrière ?"

Elle pencha la tête et ses lèvres brillèrent. "Oui il y a."

« Assez petit pour deux ?

"Je le crois." Ses cils tremblaient et s'abaissaient et elle parut surprise qu'ils le fassent. "C'est si tu… si nous nous blottissions contre nous."

"Je suis sûr que nous le ferons. Pourquoi ne vous renseignez-vous pas sur cette pièce ?"

"Cela semble être une bonne idée." Elle rougit et se tourna pour partir.

"J'aurai besoin de clés, n'est-ce pas ?" il a dit.

Elle s'appuya contre lui et les clés tombèrent dans sa main. "J'attendrai", murmura-t-elle. Il la regarda marcher dans l'allée et apprécia le balancement séduisant de ses hanches. Dans d'autres circonstances, il aurait pu envisager de la rejoindre.

Il avait les clés ! Cela avait fonctionné ! Il ne savait pas pourquoi, et il n'avait pas non plus le temps d'y réfléchir. Il inséra la clé et entra.

"Salut, Jane", chanta le pilote sans se retourner, supposant qu'il savait de qui il s'agissait.

Merrol localisa l'interrupteur du pilote automatique et, dépassant l'homme, l'alluma. Avec le même mouvement, il fit tourner le pilote. « Écoute, mon ami, tu ne veux pas y retourner ?

"Non pourquoi devrais-je?" Le pilote a été surpris, mais pas intimidé.

"Problème de moteur ou quelque chose comme ça. Vous le découvrirez. Je m'en fiche de ce que c'est, du moment que nous rentrons." Il espérait à moitié que l'homme s'y opposerait : une action physique serait un soulagement. En cas d'urgence, il pouvait gérer le vaisseau lui-même : c'était plus simple qu'un vaisseau spatial.

Le pilote plissa les yeux derrière lui. "Les moteurs ne sonnent pas très bien", marmonna-t-il. Il était étonnamment docile. "La sécurité avant tout est la devise de cette compagnie aérienne." C'était une bonne règle, mais on pouvait se demander à qui il faisait référence en matière de sécurité.

Le pilote éprouvait toujours des difficultés oculaires inexplicables : il avait une nette tendance à traverser. "Bien sûr, nous y retournerons", a-t-il déclaré. "Je suis content que vous ayez porté cela à mon attention. Mais rappelez votre gang, d'accord, monsieur ?"

Merrol se retourna. Il était seul. Il n'y avait personne derrière lui, même si le pilote semblait convaincu du contraire.

Il avait une réponse partielle à l'étrange réaction du pilote. Il avait une personnalité multiple et, normalement latente, en période de stress, la multi-personnalité devenait dominante et s'imprimait psychologiquement sur l'observateur. Et si l'esprit recevait l'impression de plusieurs hommes, l'œil s'efforçait de produire des preuves qui la confirmeraient.

Tout le monde n'avait pas autant de succès en auto-hypnose que le pilote, mais la tentation était toujours là. Maintenant qu'il y pensait, les hommes ne s'étaient jamais moqués de lui. Au lieu de cela, ils avaient été respectueux. Il avait apparemment un effet déstabilisant sur les personnes de son sexe avec lesquelles il entrait en contact – il ne savait pas encore à quel point il était puissant. La réponse complète devra attendre une enquête menée par des psychologues qualifiés.

Les femmes étaient différentes. Ils riaient invariablement les premiers – Erica aussi, malgré la sympathie générale qu'elle devait éprouver pour lui. En quoi résidait la différence ? Cela aussi, il lui faudrait le déterminer – plus tard.

Le pilote le regarda avec vertige, suppliant. Merrol décida qu'il devait en verser, même s'il ne ressentait pas de différence. "N'oubliez pas que je peux arriver ici très vite", a déclaré Merrol , "donc pas de trucs." Le pilote hocha la tête et s'accrocha impuissant aux commandes. Il ne causerait aucun problème. Merrol leva le bras dans un geste. "Allez, les gars."

Après coup, il enferma l'hôtesse de l'air dans le compartiment privé et, ce faisant, il put sentir l'avion se balancer dans un large arc de cercle qui les mènerait à la station d'où ils étaient partis. Les passagers apathiques et assoupis ne s'en sont même pas rendu compte.

Et puis tous les six retournèrent à leur siège et Merrol s'assit.

VI

Il a glissé hors de l'avion alors que celui-ci roulait encore. Il ne voulait pas discuter avec les passagers lorsqu'ils se rendaient compte qu'ils se trompaient de côte et que c'était lui qui était responsable. Il ne souhaitait pas non plus particulièrement s'expliquer auprès des autorités. Plus tard, il le ferait, mais il aurait alors de puissants intérêts derrière lui pour aplanir l'incident.

Il était tard et il n'y avait aucun taxi en vue, ni dans les airs ni en surface. Il traversa la piste d'atterrissage pour entrer et sortir de la gare et parcourut les rues sombres d'un pas mal articulé qui faisait paraître la distance plus courte qu'elle ne l'était en réalité. Bientôt, il se mit au trot et sa vitesse était encourageante.

Un hoppicopter – l'une des petites voitures de surface capables de s'élever et de voler pendant une courte période pour éviter les embouteillages – a rebondi et a roulé à côté. Une fenêtre s'ouvrit et une tête en sortit. "Vous êtes pressé, monsieur ?"

Il hocha la tête. "Hôpital."

"Montez à bord et nous vous emmènerons. Nous ne faisons rien de spécial, nous nous contentons de rouler." L' hoppicopter s'est arrêté. C'était de la chance : il y arriverait plus vite.

L'homme assis sur le siège avant a ouvert la portière et est sorti en allumant une lumière sur lui. "Juste un contrôle. Cela ne nous dérange pas de vous emmener, mais nous voulons être sûrs de ne pas attraper un personnage brutal."

L'homme lui-même n'avait pas l'air si doux – et la lumière était braquée sur Dan trop longtemps. S'ils avaient peur, il devrait refuser leur offre et continuer.

"Hé, Carl," cria l'homme au flash, perplexe. « N'avons-nous pas déjà vu ce type quelque part ?

Il aurait dû s'attendre à quelque chose comme ça et ne pas s'arrêter – mais peut-être que cela aurait été pire s'il ne l'avait pas fait. Jusqu'à présent, il avait eu de la chance que personne ne l'ait repéré – et ce n'était pas le moment de discuter des conditions avec *Interplanet* . Il commença à s'éloigner.

Carl est sorti du hoppicopter et a tourné dans la même direction vers laquelle Merrol se dirigeait petit à petit. "Je suppose que j'y suis", dit lentement Carl. C'était un grand homme. "Mais je ne peux pas dire où."

Merrol respirait plus facilement. Il ne pouvait pas faire une pause, mais peut-être qu'il n'y serait pas obligé. Ils n'ont peut-être pas vu l'émission. "Je dois me dépêcher", a-t-il déclaré. "Je vais continuer."

"Ne t'énerve pas," dit Carl d'une manière apaisante. "Nous allons vous emmener. Montez à l'intérieur."

L'homme à la lumière fronçait les sourcils, indécis. "Le gars à l'émission ?" » demanda-t-il brusquement.

"Non," dit Carl avec dégoût. "Ce type - vous regardez sa photo et vous devez éclater de rire. Maintenant, cet homme ici - même s'il est loin d'être beau - est clairement du genre cadre, un homme en qui vous pouvez avoir confiance." Carl l'examina pensivement. Avant que Merrol ne puisse l'arrêter, il tendit la main et arracha le chapeau. "Mais il n'y a qu'un seul gars avec des cheveux tricolores, et tu l'as", dit-il, incrédule.

Merrol commença à reculer, mais le corps de l' hoppicopter l'arrêta.

"Monsieur, vous avez certainement un déguisement", dit l'autre homme d'une voix impressionnée. "Je pourrais te regarder toute la journée sans dire de qui il s'agissait."

Ce n'était pas un déguisement, c'était encore une fois la multi-personnalité. Personne n'avait la même apparence dans la vie réelle que sur une photo, car la personnalité manquait. Et chez lui, la différence était bien plus marquée. La caméra pouvait enregistrer ses traits avec précision, mais les hommes ne le pouvaient pas, pas lorsqu'il était là pour inspirer confiance et respect – et il suscitait ces émotions. Ensemble, voilà quelques-unes des raisons pour lesquelles il n'avait pas été reconnu jusqu'à présent.

"Désolé de vous avoir dérangé", dit-il en se poussant entre eux alors qu'ils convergeaient vers lui. "Je suis pressé."

"Bien sûr, bien sûr," dit Carl en s'excusant, en s'écartant.

"Mais c'est de l'argent !" cria l'homme à la lampe de poche d'une voix angoissée.

" Donc il est!" dit Carl. La vision de l'argent semblait avoir beaucoup de poids chez lui. Il semblait réticent à agir, mais il tendit la main et fit pivoter Merrol . "Nous t'emmènerons sur *Interplanète* et ensuite tu pourras aller à l'hôpital. Ne t'inquiète pas, nous n'allons rien faire. Ce n'est pas possible. " *payez* -nous pour vous faire du mal.

Leurs intentions initiales étaient probablement sincères, mais maintenant qu'ils pensaient avoir trouvé de l'argent dans la rue, ils n'étaient pas disposés à le lâcher. Mais Merrol n'allait pas les accompagner sur *Interplanète* . Il s'éloigna brusquement.

"Nous partagerons la récompense", a déclaré Carl. "Dommage que nous ayons dû le porter."

Merrol essaya de lui échapper, mais Carl lui attrapa le bras dans une prise qui lui craqua les os. Autrement dit, il devrait y avoir des os brisés. Ce n'était pas dû à un manque de compétence, mais aux proportions du bras sur lequel il était appliqué. L'avantage de l'effet de levier est revenu à Merrol et il l'a utilisé. Il se détacha et balança son long bras avec son gros poing et Carl tomba.

L'homme à la lumière l'a laissé tomber, a grimpé sur le dos de Merrol et a tapé sur un nerf. S'il avait trouvé le courage, Merrol se serait peut-être effondré dans la rue. Il ne l'a pas trouvé, car il n'y était pas. Le nerf avait été réacheminé chirurgicalement.

Merrol l'enleva et le jeta sur Carl. Il le jeta plus fort qu'il ne l'aurait voulu et aucun des deux hommes ne bougea.

Il monta dans le hoppicopter et le fit rouler dans les rues sombres. Ils lui avaient fait perdre du temps et pour cela ils perdraient l'usage de leur hélicoptère. Ils pourraient le récupérer le matin, s'ils avaient envie de le réclamer. Il est sorti et s'est précipité vers l'hôpital.

Il en rencontra d'autres dans les couloirs — c'était un endroit très fréquenté malgré l'heure tardive — mais la première personne qu'il reconnut fut Erica. « Dan ! » dit-elle. Elle n'utilisait rien de scientifique, mais l'emprise sur lui était plus difficile à briser que le judo. Peut-être parce qu'il ne le voulait pas.

Plus tard, il a remarqué que quelqu'un lui tapait sur l'épaule. Il se retourna. "Ces choses peuvent être consommées dans l'intimité de sa propre maison", murmura le docteur Crander . "Mais quand une vie est en jeu, la passion doit être mise de côté."

L'exaltation purement physique commença à s'estomper. Il déposa Erica, mais la retint avec incertitude. C'était un geste ambivalent. "Est-ce que c'est ce que vous appelez une urgence ?" » demanda-t-il sarcastiquement. Il avait enfreint un certain nombre de lois mineures et avait failli se suicider en arrivant ici. Il avait le droit d'être en colère, même s'il ne savait pas vraiment ce qu'il ressentait.

Le médecin lui lança un regard scandalisé. "Pensez-vous que nous soyons contraires à l'éthique ? Il existe une femme comme celle que nous avons décrite, une membre de notre équipe. Nous avons d'autres donneurs, mais nous pensons que vous pouvez faire plus pour elle. Dans un accès de découragement, cette femme s'est promenée dans le salle extraterrestre sans la protection habituelle, dans l'espoir d'attraper quelque chose — et elle l'a fait. » Crander fronça les sourcils. "La seule façon dont nous avons modifié les faits était d'utiliser la photo de votre femme. C'était son idée. De plus, il est vrai qu'une jolie fille obtient une meilleure réponse — et, bien sûr, Erica voulait que vous reveniez."

Lorsqu'il apprit qui était le patient, il fut satisfait de sa décision. Après que la fraction sanguine ait été administrée à Miss Jerrems , même ses yeux non entraînés pouvaient constater l'amélioration.

<hr>

Il observait Erica avec méfiance alors qu'elle bavardait dans un état de déshabillement qui ne faisait rien pour rehausser sa beauté mais, de manière perverse, la rendait plus excitante. Qu'elle ait été incertaine quant à son identité la dernière fois ne signifiait pas grand-chose et il pouvait le pardonner. L'homme et la femme n'étaient pas pour autant des espèces distinctes, séparées d'elles-mêmes, inattirées ou repoussées par toutes les autres espèces du sexe opposé. Pour sa part, il lui suffisait de se souvenir de l'hôtesse de l'air.

Mais il était important de savoir quels étaient ses véritables sentiments à son égard. Rire au mauvais moment pourrait être désastreux pour l'ego d'un homme !

"Cette fois, vous savez qu'il n'y a pas d'erreur", a-t-il déclaré, espérant que l'ironie serait une certaine protection. "Mais es-tu sûr de me vouloir comme mari ?"

Elle a arrêté de jouer avec ses cheveux. Elle pencha la tête et le regarda, un corps qui défiait les lois de l'anatomie et le visage qui appartenait à un clown – sauf qu'un clown pouvait lui enlever le visage. "Essayez-vous de vous débarrasser de moi ?" Elle posait des questions, sans y répondre.

Erica l'examinait attentivement et il pouvait dire que, contrairement à un mâle, elle voyait chaque trait distinctement, voyait le nez qui avait appartenu à quelqu'un d'autre et le regardait, la mâchoire, très fine à l'origine, mais avec des contours qui avaient depuis fondu. forme.

"Je n'essaie pas de me débarrasser de toi", dit-il. "Peut-être que tu veux quelqu'un de plus gentil." Il faudrait qu'il le sache avant de pouvoir cesser de se sentir tourmenté.

"Plus gentil?" répéta-t-elle. "Veux-tu que je réponde à ça ?"

Elle est venue s'appuyer contre lui. « Une femme devrait avoir *des* secrets », murmura-t-elle. "Mais si tu dois savoir, la première fois que je t'ai vu, j'ai ri, parce que tu es drôle. Et après ça, eh bien, j'ai vu les traces des traits les plus gentils de presque tous les hommes pour lesquels j'ai eu le béguin. C'était juste le côté physique."

Elle posa sa tête sur son épaule. "Je ne croyais pas que tu étais réellement Dan. Je n'ai pas prêté attention à ce que tu as dit."

"Mais si tu n'y croyais pas..."

"Juste ce que tu penses," répondit-elle. "Je n'ai pas pu m'en empêcher. Vous êtes le défi le plus excitant qu'une femme puisse relever. Même si elle ne sait pas pourquoi, comme je ne le savais pas à l'époque, il est toujours là : une demi-douzaine d'hommes, et tous dans un paquet monogame."

Maintenant qu'elle le disait ainsi, il comprenait pourquoi elle n'avait pas été capable de résister. Il voyait que peu de femmes le pouvaient. Il jeta un coup d'œil à une photo encadrée du beau Dan Merrol avant l'accident qui se trouvait sur le bureau. Il pensa : *Pauvre connard !*